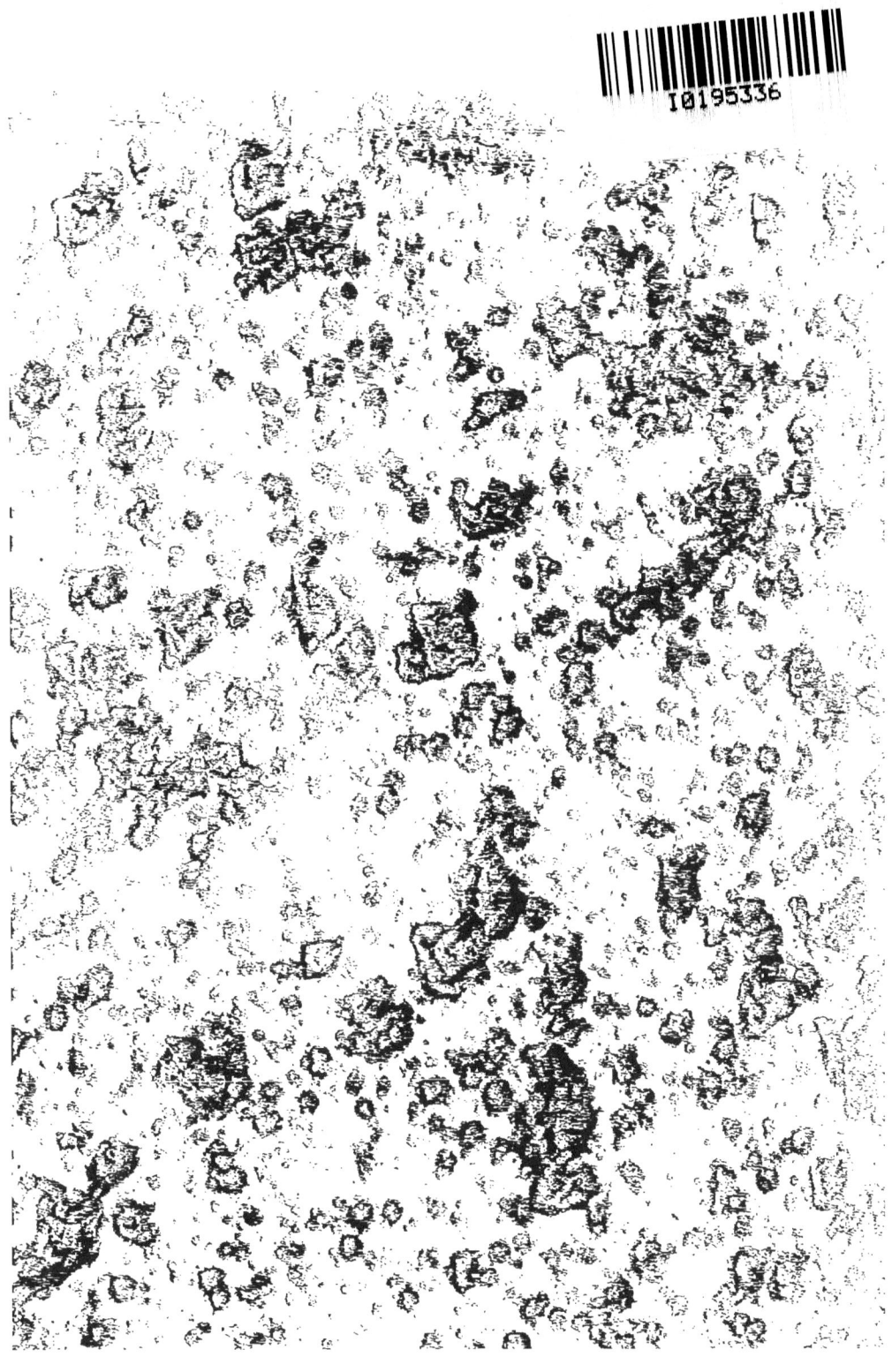

LK 6082

PLAN
DE PARIS,

Avec le détail de ses nouveaux embellissemens projetés, et en partie exécutés depuis le règne de Napoléon Ier.

Ce Plan nouveau, réduit, est d'autant plus intéressant, qu'on y apperçoit au premier coup-d'œil,

1°. Quatre nouveaux ponts projetés, outre ceux qui viennent d'être exécutés.
2°. L'ouverture de plusieurs longues rues dans l'enceinte de la ville et faubourgs.
3°. Formation de plusieurs places, canaux de navigation et d'arrosemens nécessaires pour la célérité du commerce, la salubrité, propreté, et pour alimenter les fontaines publiques et particulières.
4°. Etablissement de plusieurs bassins pour former ports, gares et-décharges de bateaux.
5°. Projet de divers monumens publics, avec désignation des lieux où ils doivent être construits, et l'utilité pour laquelle ils sont chacun destinés.
6°. Nouveaux boulevards et chaussées pavés en grès, clôture plus correcte, plus régulière, et aussi majestueuse qu'il convient à une ville aussi vaste, aussi grande et aussi peuplée comme Paris.
7°. Enfin, le détail imprimé, avec le plan gravé, démontrant l'utilité générale de tous ces nouveaux projets divisés en plusieurs articles.

Par M. B. A. H. *(Houard.)*

A PARIS,

Chez DEMORAINE, imprimeur-libraire, rue du Petit-Pont-Saint-Jacques, n°. 18.

AN 1807.

OBSERVATIONS.

On sera peut-être étonné de voir dans le détail des embélissemens de la Capitale, dont il vient d'être parlé, plusieurs articles ou projetés ou proposés, qui sont déjà exécutés, et d'autres qui s'exécutent maintenant, tels que la suppression du corps-de-garde de la Barrière des Sergens, l'exhaussement de la rue Froidmanteau, celui du quai du jardin de l'Infante, etc.

L'exécution de ces projets sont du même auteur, mis au jour en l'an 11, et publiés en l'an 12. Il est facile de s'en convaincre par la lecture des pages 51 et 202 du premier volume du Recueil Politechnique, et qui prouve qu'il est parfaitement entré dans les vues du gouvernement.

En conséquence, il a résolu de former un ouvrage particulier de tous ces articles projettés, à l'effet d'être de nouveau publié et livré aux amateurs des beaux arts et des embélissemens des villes.

Prix, avec le plan gravé, 2 fr. 50 cent.

Nota. On trouve chez le même,

1°. Le plan de la Scie mécanique qui a servie à récéper les pieux au fond de l'eau, sans batardeaux ni épuisement, à la construction des nouveaux ponts de Paris; avec sa description imprimée. Prix, 1 fr. 50 cent.

2°. Le plan du pont de la Cité, avec sa description imprimée. 1 fr. 25 cent.

3°. Le canal de l'Ourthe, à Paris, également avec description imprimée. Prix, 1 fr. 25 cent.

4°. L'Almanach général des constructions civiles de France, avec gravures, utile à tous les Artistes, Entrepreneurs et Propriétaires-constructeurs. Prix, 2 fr.

5°. Annuaire des ponts et chaussées, aussi avec gravures. 1 fr.

6°. Plan de la division d'un terrain à Paris, que des propriétaires viennent de faire exécuter, joint à l'imprimé, qui démontre un bénéfice net de 100 pour 100, par son exécution. Prix, 75 cent.

7°. La Carte de France, réduite par département, où sont figurés les canaux de navigation, tant projettés qu'exécutés; fleuves et rivières, principales routes; au moyen de laquelle on peut voir l'aperçu de distance d'un département à un autre, sans secours de compas ni d'échelles. Prix, 2 fr.

DÉTAILS
DES NOUVEAUX EMBELLISSEMENS DE PARIS,
TANT PROJETÉS QU'EXÉCUTÉS, LE TOUT FIGURÉ AU PLAN CI-JOINT.

1°. *Quatre nouveaux ponts.* 2°. *L'ouverture de plusieurs rues dans l'enceinte de la ville.* 3°. *Formation de plusieurs places publiques, canaux de navigation et d'arrosement, nécessaires à la salubrité, propreté des rues et aliment des fontaines.* 4°. *Établissemens de plusieurs bassins, ports pour gares et décharges des bateaux marchands de toutes espèces.* 5o. *Projet de divers monumens d'embellissemens, désignation de leur utilité pour le commerce.* 6°. *Nouveaux boulevards et chaussées pavées en grès.* 7o. *Enfin, une nouvelle clôture de cette grande ville, plus correcte, plus régulière et plus majestueuse que celle qui existe aujourd'hui.*

DANS un moment où toutes les améliorations et tous les genres d'embellissement sont dans la plus grande activité dans cette capitale, il ne peut paraître étrange, inutile ou déplacé, de publier des idées qui tendent à ce but. Quand dans le grand nombre il ne s'en trouverait qu'une bonne que l'on adopterait pour la réaliser, c'est toujours autant de gagné pour le bien public.

Le plan de Paris, en petit, qu'on trouvera ci-joint, donnera l'apperçu et l'ensemble des embellissemens que nous proposons, et dont nous allons donner le détail. Il en fera voir l'agrément et l'utilité, d'abord aux habitans de cette ville, ensuite et plus avantageusement encore aux artistes et amateurs qui, en étant éloignés, pourront, au moyen des différens projets qui y sont tracés, avec ceux qui existent, faire leurs observations à ce sujet, concevoir des vues utiles ou des projets avantageux, et nous les adresser pour les publier s'ils le jugent à propos. Ils doivent être assurés que nous nous empresserons de les accueillir, et d'en faire l'usage pour les objets auquel il conviendra.

PREMIER PROJET.

Pont à construire sur la Seine, entre l'Hôtel-de-Ville et l'île Notre-Dame.

Ce pont nouveau construit en trois arches, communiquerait comme on le voit figuré au plan, à l'île de la Cité, par une nouvelle rue qui la traverserait en entier, passerait devant le pont de la Cité, nouvellement construit en bois, en place du ci-devant Pont-Rouge, là formerait patte-d'oie et communiquerait aux deux îles ; cette rue irait ensuite en droite ligne joindre l'autre bras de rivière, qui passerait en ligne directe derrière l'église Notre-Dame, sur une partie du terrein de l'Archevêché. Là, un deuxième pont d'une seule arche serait aussi construit sur ce bras de rivière, et au-delà du pont on continuerait la même ligne, pour former l'ouverture d'une nouvelle rue qui irait aboutir au point de rencontre des rues Saint-Victor, des Noyers, de Bièvre, Place-Maubert, au bas de la rue de la Montagne Ste Geneviève, où l'on ferait une vaste place circulaire, nécessaire à ce quartier et à l'arrivage de toutes les rues ci-dessus nommées.

On projette d'établir, d'abord le pont de l'Hôtel-de-Ville, en face de la petite rue Pernette, donnant sur le Port-au-Bled, qui est à présent le milieu de sa distance du pont Notre-Dame au Pont-Marie, ensuite faire disparaître toutes les vieilles maisons qui existent maintenant entre la rue des Longs-Ponts, l'église Saint-Gervais, l'arcade Saint-Jean, la place de l'Hôtel-de-Ville et le Port-au-Bled. On construirait un second pavillon, côté du Levant, entre les rues des Longs-Ponts et celle Pernette, avec portique et galerie entre les deux, pour l'agrandissement du local de l'Hôtel-de-Ville, pour former une nouvelle façade, côté du Midi, vis-à-vis le Pont-Projeté. Un perron entre deux pavillons, vis-à-vis le portique du milieu de la galerie, servirait d'entrée de ce côté, et serait au droit du pont ; il serait précédé d'une vaste cour, fermée d'une grille posée sur appui, dont la principale porte serait en face du pont, une seconde serait sur la place de l'Hôtel-de-Ville, une troisième sur une place formée devant le beau portail de Saint-Gervais, au moyen de la démolition arrêtée depuis long-tems des mâsures qui masquent ce superbe monument. On formerait derrière ce pavillon et la galerie nouvelle de l'Hôtel-de-Ville, un jardin qui en ferait partie, tant sur la superficie de l'emplacement de la ci-devant église Saint-Jean, que du restant de celui de la rue de l'Arcade et des vieilles maisons qui seraient supprimées à cet endroit.

On ouvrirait quatre rues, pour donner tous les dégagemens nécessaires au quartier de l'Hôtel-de-Ville. *La première serait à partir du Pont-Projeté*, pour joindre les rues Saint-Antoine et vieille du Temple, en suivant pour ligne directe l'alignement des bâtimens du chapître de Saint-Gervais. *La seconde serait à partir de la rue Sainte-Avoie*, pour rejoindre la place de l'Hôtel-de-Ville ; il n'est personne qui ne connaisse ce quartier par les embarras fréquens qui arrivent à toutes heures de jour et de nuit, en raison du passage difficile de la rue des Coquilles, donnant dans celle de la Verrerie, vis-à-vis la rue Barre-du-Bec, où à chaque moment il arrive de fâcheux accidens par les embarras qui existent faute d'espace suffisant pour la voie publique ; motif qui réclame depuis long-tems l'ouverture de cette rue. On ne conçoit même pas comment le Voyer a pu permettre, dans les mois de pluviose et ventose dernier, à un maçon, de faire de nouvelles constructions dans cette rue des Coquilles, sans l'obliger à un nouvel alignement. *La troisième serait à partir du milieu de l'Hôtel-de-Ville*, pour aller en ligne droite rejoindre la place de l'ancien Châtelet, sur laquelle le conseil général du département de la Seine a déjà jeté ses vues, pour y ériger un monument national. *La quatrième rue serait à partir du point central de la nouvelle Place*, qui se trouverait formée entre l'Hôtel-de-Ville et l'église Saint-Gervais, pour aller rejoindre et traverser la rue de Vendôme, au Marais, près le boulevard du Temple, en passant à travers le terrein des ci-devant Billettes, près la rue de ce nom, celles de l'Homme-Armé, du Grand-Chantier, des Enfans-Rouges, et traversant l'enclos du Temple ; on voit que cette rue étant ainsi exécutée, le dégagement et le débouché qu'elle donnerait à ce quartier, ne pourrait qu'augmenter la valeur de toutes les propriétés et du commerce de ses habitans, et par ce moyen les revenus du Gouvernement.

DEUXIÈME PROJET.

Palais du Commerce, ou construction d'une Bourse au centre de la ville.

Au moyen de la formation de la troisième rue et du monument national dont nous venons de parler, l'on pourrait, pour donner à ce quartier toute la dignité dont il peut être susceptible, faire disparaître la masse des vieilles maisons qui existent maintenant dans l'emplacement qui forme l'enceinte du quai de Gêvres, la rue Saint-Jacques-la-Boucherie, celles des Arcis et de la Sonnerie, derrière les bâtimens restans de l'ancien Châtelet, pour établir et construire sur ce même emplacement, un bâtiment régulier, élevé de quatre étages, avec galeries et rez-de-chaussées, le tout dans le genre et la proportion du Palais du Tribunat (ci-devant Palais-Royal); la construction en serait faite en double profondeur, de manière à former des logemens qui auraient leur jour sur le quai de Gêvres, les rues des Arcis, Saint-Jacques-la-Boucherie, et sur la place du ci-devant Châtelet, et dans l'intérieur; sur la cour que formerait son enceinte, on y ménagerait l'emplacement d'une Bourse. Au milieu de cette cour on construirait une fontaine qui fournirait de l'eau pour le service de ceux qui habiteraient cette enceinte. Ce bâtiment, construit régulièrement dans toute son étendue, et percé de six grands portiques pour servir d'entrées et de sorties, savoir : deux sur le quai de Gêvres, deux sur la rue St.-Jacques-la-Boucherie, dont l'une serait vis-à-vis la rue de la Savonnerie, une sur la rue des Arcis, vis-à-vis la rue Neuve de l'Hôtel-de-Ville, ci-dessus désignée, et la sixième donnerait sur la nouvelle place du ci-devant Châtelet, vis-à-vis la rue Saint-Germain-l'Auxerrois. Ce quartier, si précieux pour le commerce, étant au centre de toutes les affaires, est maintenant infecté par les immondices des lavages des boucheries et autres malpropretés qui y sont répandues journellement par les divers corps d'état qui s'y exercent. D'un autre côté, ce quartier qui n'a que de vilaines rues fort étroites et irrégulières, est privé de la circulation de l'air, qui lui serait si nécessaire : ce motif seul doit faire prendre le projet ci-dessus en considération.

TROISIÈME PROJET.

Place des Innocens; nécessité et projet de son aggrandissement.

Pour donner à cette place toute la majesté que sa situation demande, on propose de la continuer dans la même forme qu'elle a maintenant, jusqu'à la rue Saint-Martin, en suivant la même direction que celle des bâtimens qui bordent actuellement ladite place par la rue de la Ferronnerie, pour rendre les quatre façades régulières, toujours avec galeries aux rez-de-chaussées au pourtour; établir ensuite une autre fontaine au milieu de la nouvelle partie de place, formée entre les rues Saint-Martin et Saint-Denis, pour faire parallèle à celle des Innocens, qui orne la place actuelle. Au droit de cette deuxième fontaine, on ouvrirait une nouvelle rue qui irait en droite ligne rejoindre un des portiques du Palais du Commerce (projet ci-devant indiqué), en suivant la direction de la rue de la Sonnerie et traverserait celle Saint-Jacques-la Boucherie pour arriver au quai de Gêvres, qui, de l'autre côté, communiquerait à la rue Quincampoix jusqu'à celle aux Ours. Enfin, aucun de ceux qui fréquentent ce quartier, n'ignore l'embarras continuel qui existe à toute heure de jour et de nuit par tous les arrivages des rues de ce quartier, et principalement celle Aubry-le-Boucher, où journellement il arrive plusieurs accidens par l'embarras des voitures, faute de largeur suffisante pour un passage aussi fréquenté.

CINQUIÈME PROJET. — *Place des Vosges* (ci-devant Place-Royale).

Pour donner également à cette place tous les agrémens dont elle est susceptible par son élégance et la régularité des galeries qui y sont formées, il faudrait ouvrir quatre rues aux quatre extrêmités, à partir du point central ; la *première* irait en droite ligne aboutir à la place des Innocens, ci-devant citée, traversant quelques maisons entre la vieille rue du Temple, celle des Juifs et celle des Écouffes, au Marais, suivant ensuite la direction des rues Sainte-Croix-de-la-Bretonnerie et Saint-Merry ; la *deuxième* traverserait le boulevard Saint-Antoine, ensuite quelques chantiers, jardins et petites maisons bâties irrégulièrement, pour aller joindre la rue de Montreuil à son point de rencontre avec la grande rue du faubourg Saint-Antoine, pour là, former une autre place circulaire, d'où partirait une nouvelle rue qui irait aboutir au port de la Rapée, passant à travers l'emplacement de la ci-devant abbaye Saint-Antoine, etc. ; la *troisième* rue irait en droite ligne aboutir sur le port Saint-Paul, traverserait les rues Saint-Antoine et des Lions-Saint-Paul ; la *quatrième*, enfin, irait joindre le boulevard du Pont-aux-Choux, près la rue St.-Claude, au Marais.

SIXIÈME PROJET. — *Pont de la Tournelle ; nécessité d'une rue en face.*

En se rappelant la vente faite d'une partie des terrains du Cardinal-le-Moine, près ce pont, on regrette que l'on n'ait pas fait la réserve du terrain nécessaire pour ouvrir une rue en face du pont et la conduire en ligne droite jusqu'à la rue Saint-Victor. L'ancien Gouvernement, frappé des accidens qui arrivaient journellement à cet endroit par la réunion des embarras de tout genre, avait ordonné la démolition de la porte Saint-Bernard, et de la Tournelle même ; mais en diminuant les dangers, cette démolition n'a pas suffi pour les faire disparaître en totalité. Les voitures publiques et particulières y sont encore en si grand nombre, qu'on les voit habituellement se heurter, s'accrocher, non sans danger pour les piétons, et sur-tout pour les vieillards et les enfans, qui, dans ces embarras, ne se tirent pas aisément d'affaire. Le vin, les pierres, les bois de charpente, de charronnage, de menuiserie et à brûler ; les tuiles, les ardoises, la brique ; la décharge des coches et autres voitures d'eau, n'ont que ce débouché pour arriver à la ville ; la fixation de certaines heures pour l'ouverture des ports, chantiers et magasins, augmente encore le concours, et avec ces concours les dangers. La rue que nous proposons donc en face du pont de la Tournelle, prolongée en ligne droite jusqu'à la rue Saint-Victor par le terrain qui dépend entièrement du ci-devant collége du Cardinal-le-Moine, est de la plus indispensable nécessité, puisqu'elle faciliterait la circulation des voitures de pierres et moëllons, des voitures publiques et particulières, et en général tous les concours produits par les arrivages extérieurs de cette partie et par tous les retours ayant la même destination et les mêmes termes. Est-il besoin, après tant de motifs de nécessité d'ouvrir cette rue, de parler de motifs d'embellissement ou de motifs d'intérêt ? On apperçoit au premier coup-d'œil, toute la beauté du dégagement que le pont et le quartier recevraient de cette rue nouvelle ; on sent également toute l'augmentation de valeur et d'utilité qui en résulterait pour les terrains et les bâtimens adjacens, tellement nuls dans ce quartier, qu'on y laisse dépérir et tomber les maisons, faute de locataires, plutôt que d'en faire les réparations, et qu'une maison en face même de la rue projetée dont nous parlons, louée anciennement 1000 fr., vient d'être annoncée, par affiches, à vendre pour cette somme une fois payée, et n'a pas trouvé d'acquéreurs.

SIXIÈME PROJET. — *Pont de l'Archevêché.*

Ce deuxième pont, dont nous avons déjà parlé à l'article de celui de l'Hôtel-de-Ville, servira pour la correspondance de la communication de ce dernier et celui de la Cité. Lorsqu'ils seront construits, l'on reconnaîtra les avantages et l'utilité de ces trois ponts : car, en jetant un coup-d'œil sur le plan ci-joint, réduit en petit, qui ne peut faire autant d'effet que s'il était en grand, on verra d'une part une abréviation de chemin en passant sur le pont de la Cité et par celui de l'Hôtel-de-Ville, pour aller et venir de ce quartier à l'île Saint-Louis, au port Saint-Bernard, par le pont de la Tournelle ; et d'une autre part, du quartier du port Saint-Bernard, île Saint-Louis, en la Cité et le Marais, par ces mêmes ponts ; et d'une autre, enfin, de la place Maubert, la montagne Sainte-Geneviève, le Port-aux-Tuiles, au Marais, toujours par les deux nouveaux ponts que nous venons de désigner à construire.

Observations sur les ponts projetés de l'Archevêché et de l'Hôtel-de-Ville, ci-devant indiqués.

Il est inutile d'observer que ces deux ponts nécessiteraient un exhaussement à leurs extrémités des rues adjacentes, et même de la place Maubert, d'un côté, et de la place de l'Hôtel-de-Ville, de l'autre. Cet exhaussement les mettrait hors des inondations, et sur la place nouvelle on pourrait construire deux trotoirs sur une bâtisse solide, qui encaisserait les remblais de manière à les contenir au milieu, et à ne point refouler contre les maisons, caves ou autres bâtimens voisins qui seraient susceptibles d'être conservés.

On observera, sans doute, que l'exhaussement de ces deux extrémités de la rivière de Seine demandera beaucoup de dépenses, c'est un fait qui ne peut être contesté, mais chacun sait qu'on ne fait rien sans cela ; et lorsque les dépenses n'excèdent point les avantages des travaux projetés, rien ne doit en arrêter l'exécution.

Place Maubert, ou nouveau Marché projeté pour ce quartier.

On sait que la mauvaise position de cette place, sa figure irrégulière, son local étroit y occasionnent journellement et à toutes heures, des embarras continuels, par la multiplicité des arrivages de tous genres et de toutes espèces des routes de Lyon et d'Orléans, dont les voitures se détournent dans les faubourgs, et passent le long du Jardin des Plantes, pour éviter la Montagne ; enfin, par la quantité des diligences énormes et des voitures publiques qui se multiplient tous les jours, pour la route de Lyon, Fontainebleau, Sens, Auxerre, etc., et pour la moindre petite ville ou bourgade des environs, et qui se croisent très-souvent en cette place. Elle a donc le plus grand besoin de dégagement ; elle est moins une place publique, qu'un vrai et continuel cloaque par son passage très-fréquenté : aux moindres pluies, elle devient un lac fétide, infect, mal-sain, et inabordable pour ceux qui ont besoin de s'y approvisionner, parce qu'elle est l'égout de toutes les rues de la Montagne, depuis Saint-Victor, la Pitié, les portes Saint-Marceau et Saint-Jacques. Dans tous les débordemens de la Seine, elle est couverte d'eau. On n'a pas oublié, sans doute, qu'en l'an 10 elle en fut couverte presque tout l'hiver, parce que la rivière déborda cinq fois, et inonda les rues Saint-Victor et des Noyers. Quelle facilité on a, néanmoins, de lui en substituer une beaucoup plus vaste, une beaucoup plus saine, beaucoup plus belle, écartée des arrivages, des dangers et des voitures, qui produisent les accidens journaliers, et les inconvéniens nombreux, graves et multipliés, dont nous venons de parler, beaucoup plus rapprochée des consommateurs, à la porte de tous ces mêmes arrivages ; et enfin, ce que nous envisageons dans les circonstances, comme capital et décisif, très-peu dispendieuse.

SEPTIÈME PROJET. — *Emplacement proposé pour ce Marché.*

Il ne faudrait que la disparution des bâtimens inutiles des ci-devant Carmes, ceux du collége ci-devant de Beauvais, entre lesquels passe déjà une rue qui les sépare : le Marché de la place Maubert transporté en ce local, serait hors de tous les passages et voies ou routes publiques. Ce local est beaucoup plus élevé, beaucoup plus sain, éloigné des inondations, des égouts et écoulemens réunis, plus central et plus voisin des consommateurs, qui viendraient ainsi s'y approvisionner plus commodément, et sans crainte d'être écrasés par les voitures. Ajoutons un dernier motif également impérieux et décisif : presque tous les bâtimens dont on propose la démolition, appartiennent à l'État ou au Prytannée, qui n'en tirent rien ou presque rien, au-delà des reparations et autres charges : presque tous ceux environnans leur appartiennent également, et acquerraient par ce changement une valeur qui compenserait bien au-delà la perte des loyers qu'ils pourraient éprouver. Observons encore que la démolition produirait des matériaux immenses ; car on sait que ces anciens bâtimens ont été construits avec profusion de matériaux, bois et ferremens ; en sorte que cette démolition produirait quantité de pierres, bois, fers, tuiles et autres objets nécessaires à la bâtisse, et couvrirait une partie considérable de la dépense qu'entraînerait les constructions nouvelles. Les revenus des propriétaires, loin d'être diminués, en seraient beaucoup augmentés ; l'État même y gagnerait, car les loyers de toutes les maisons voisines en deviendraient plus considérables, et l'on sait que les impositions sont graduées sur cette échelle. Un coup-d'œil jeté sur le plan ci-joint, fera voir un dernier embellissement, résultant de ce changement, avec les autres accessoires dont nous allons parler ci-après.

HUITIÈME PROJET. — *Panthéon, ou la nouvelle église Sainte-Geneviève.*

Ce monument qui a fixé l'attention de tous les amis des arts depuis son établissement, et qui a appelé tout le génie des architectes, pour le garantir des événemens dont il paraît être menacé depuis quelques tems ; ce monument, disons-nous, demande aussi d'être dégagé d'un tas de vieux bâtimens irréguliers qui l'entourent et offusquent l'ensemble de la grandeur de son architecture : il faudrait, pour le rendre au degré de splendeur qu'il mérite, continuer l'ouverture de la place commencée vis-à-vis le portique jusqu'à la rue Saint-Jacques, et la continuer de la même largeur jusqu'à la rue d'Enfer, près la place Saint Michel, en traversant le terrain des ci-devant Jacobins de ce quartier ; plus, ouvrir une nouvelle rue vis-à-vis la façade du Midi, pour rejoindre le boulevard ; une autre au côté opposé, qui irait joindre le marché ci-dessus mentionné ; enfin, une autre du côté du Levant, qui irait aboutir à la rue Saint-Victor, près le Jardin des Plantes. On doit concevoir facilement que la formation et ouverture de ces quatre rues rendrait le quartier du faubourg Saint-Marceau, tout autre qu'il n'est aujourd'hui, et le rendrait plus praticable pour son commerce, et beaucoup plus agréable pour ses habitans, au moyen de ces nouveaux embellissemens.

NEUVIÈME PROJET. — *Rue de l'Université.*

La belle rue de l'Université, prolongée en ligne droite et en conservant sa largeur, pourrait être continuée et communiquer au nouveau marché, c'est-à-dire, à la nouvelle place circulaire qui serait formée au point de rencontre des rues Saint-Victor et montagne Sainte-Geneviève, dont il a été ci-dessus question. Cette magnifique rue partagerait en deux la partie méridionale de Paris, et deviendrait par-là, sinon la première, au moins une des plus belles de cette ville.

DIXIÈME PROJET. — *Rue de Vaugirard.*

On pourrait également prolonger la rue de Vaugirard, en ligne droite jusqu'à celle du Petit-Pont, au bas de la rue Saint-Jacques, laquelle, comme on le voit sur le plan, arrive à la rencontre de celle de l'Université, dont nous venons de parler.

ONZIÈME PROJET. — *Ports Saint-Bernard et aux Tuiles.*

Avant de quitter la place Maubert, nous rapporterons ici le projet de continuer l'alignement des maisons du Port-aux-Tuiles, à partir du pont de la Tournelle, pour être continué en droite ligne jusqu'à la rue Saint-Jacques, près celle Saint-Severin, ensuite jusqu'à l'emplacement de la ci-devant église de Saint-André-des-Arcs. On formerait une rue droite de cette place, au Port-aux-Tuiles, avec constructions de bâtimens réguliers de chaque côté, élevés de quatre étages ; le surplus des emplacemens et dépendances qui excéderaient les terreins nécessaires à la construction de cette rue et maisons, entre la rue de la Bûcherie, celle des Grands-Dégrés, du Petit-Pont, la rue d'Amboise, servirait à former un jardin pour le service de l'Hôtel-Dieu, objet qui serait d'une grande utilité pour cet établissement d'humanité ; et d'un autre côté, la nouvelle rue donnerait un grand débouché pour tout le faubourg Saint-Germain, au quartier Saint-Marceau et au commerce des ports, rendrait enfin ce quartier agréable, régulier, salubre et tout autre qu'il n'est aujourd'hui.

DOUZIÈME PROJET. — *Palais de Justice (ci-devant Marchand.)*

Projet d'une rue à ouvrir, et qui partirait du point milieu de la grille de ce palais, et irait joindre celle qui communiquerait aux deux ponts dont nous venons de parler ; à leur rencontre formerait patte-d'oie ou demi-lune ; un quai autour de l'île de la Cité serait également formé avec peu de dépenses, en faisant rétablir les murs qui existent déjà en fondation dans l'eau, qu'on éleverait à hauteur d'appui, au-dessus du sol du pavé, pour la sûreté publique. Ce dernier projet, depuis long-tems sollicité, va, suivant toutes les dispositions du Gouvernement, être exécuté ; déjà plusieurs maisons anciennes sont démolies, et d'autres que l'on démolit maintenant dans cet endroit, annoncent incessamment son exécution.

TREIZIÈME PROJET. = *Marché à construire dans la Cité.*

Cette île, irrégulière par toutes ses rues étroites et tous les bâtimens en mauvais état, n'ayant point d'air, demande, depuis long-tems, à être dégagée des vieilles masures qui offusquent les passans. Le vœu même de plusieurs magistrats de cette ville a été prononcé à ce sujet. On nous a même assuré que les idées du citoyen préfet de police étaient en ce moment fixées sur cet important objet. Nous proposons donc de former une place sur l'emplacement des ci-devant Barnabites, en y joignant celui des maisons qui existent dans toute la superficie, bornée d'une part par la rue de la Calandre, et de l'autre par la rue de la Juiverie, et celle qui conduit de cette rue au palais de Justice. On construirait cette place de manière à ce qu'il soit élevé au pourtour un corps de bâtimens, de quatre étages réguliers, avec arcades et galeries au rez-de-chaussée, pour y former des boutiques, tant au pourtour de son intérieur qu'à son extérieur, au moyen d'une double profondeur, c'est-à-dire, que l'on donnerait 36 pieds ou 12 mètres d'épaisseur au corps de bâtimens. Quatre ouvertures seraient conservées dans toute la hauteur de l'élévation, au milieu des quatre façades, pour servir d'entrées et de sorties à ce marché, ainsi que pour le rendre plus sain, et lui donner plus d'air, nécessaire à sa situation et aux personnes qui l'habiteraient.

QUATORZIÈME PROJET. — *Parvis Notre-Dame.*

Cette place va enfin devenir régulière, au moyen des nouvelles constructions et changemens qu'on exécute maintenant pour l'embellissement de l'Hôtel-Dieu, et une nouvelle façade de cet édifice sur cette place. Mais, pour qu'elle ait toute la magnificence dont elle est susceptible, et qu'on puisse jouir du coup-d'œil du portique de la cathédrale, nous proposerions que l'on fasse disparaître cette masse de maisons qui l'offusque, attenant au Marché-Neuf, et continuant jusqu'au quai des Orfévres en droite ligne, de manière qu'en passant sur le Pont-Neuf, on découvrît ce superbe édifice.

QUINZIÈME PROJET. — *Marché du quai de la Vallée, et projet pour y suppléer.*

Le Directoire, qui ne rêvait qu'argent et plaisirs, fit vendre le couvent des Grands-Augustins sans aucune réserve, tandis qu'il était si facile et en même tems si nécessaire de réserver son emplacement pour y transporter le Marché à la Volaille, qui obstrue et empeste en même tems le quai, et les passans qui y sont conduits par leurs affaires. Nous observons néanmoins que ce terrein a été depuis peu mis en vente et affiché par l'acquéreur, et n'a pas encore trouvé d'acheteur, d'où il faut conclure que cet acquéreur n'en fera jamais une aussi belle opération que si l'on y formait l'établissement du Marché dont nous venons de parler, en y construisant également, dans toute l'étendue de son pourtour, un corps de bâtimens, carré, élevé de quatre étages avec galeries au rez-de-chaussée, en double profondeur, toujours dans la même forme, et disposé à y établir des boutiques et magasins nécessaires au commerce qui pourra s'y exercer; l'on pratiquerait quatre ouvertures qui serviraient d'entrées et de sorties. Certes, si ce plan eût été exécuté depuis 1790, que ce domaine a été mis en vente, il aurait, depuis, rapporté un produit plus que suffisant pour indemniser des dépenses qu'il aurait coûtées, et formerait maintenant une jouissance perpétuelle pour ce quartier.

FAUBOURG SAINT-GERMAIN.

SEIZIÈME PROJET. — *Palais du Sénat (ci-devant d'Orléans), et ensuite du Luxembourg.*

Ce monument et les jardins qui viennent d'être entièrement changés de forme, font maintenant un des plus beaux séjours de Paris; mais pour donner également les débouchés nécessaires à ce quartier, qui en est réellement privé, il faudrait que la rue de Racine, commencée place du Théâtre-Français, fût continuée en ligne droite à travers les terreins des ci-devant Cordeliers et de Saint-Côme, jusqu'à l'encoignure des rues de la Harpe et des Mathurins. Il n'est personne qui, connaissant la situation de cet endroit, n'approuve ce projet, attendu qu'il éviterait à tous ceux qui vont et viennent de cette partie du faubourg Saint-Germain au faubourg Saint-Antoine, à l'île Saint-Louis, à la place Maubert, de faire des détours immenses, soit en étant obligés de passer par la place Saint-Michel, soit par le carrefour de Bussy; cette nouvelle rue éviterait tous ces détours, et contribuerait, avec l'exécution du projet de la rue de Vaugirard, dont nous avons déjà parlé, à donner à ce quartier toutes les facilités pour ses arrivages, et la communication de son commerce.

DIX-SEPTIÈME PROJET. — *Rue de Bourgogne.*

Un autre percement de rue non moins utile et nécessaire à l'embellissement et dégagement de cette vaste cité, serait de prolonger cette rue à travers les jardins de quelques maisons particulières, jusqu'aux boulevards du Midi, et faire disparaître ce modèle de Bastille du ci-devant Palais-Bourbon, vis-à-vis le pont de Péronnet, nommé ci-devant Pont de Louis XVI, et maintenant Pont de la Concorde. Il n'est personne qui, en passant sur ce magnifique pont, et après avoir jeté un coup-d'œil à droite et à gauche, ne soit offusqué d'appercevoir, du côté du Midi, un tas de pierres qui masque l'arrivage de la rue de Bourgogne; et de ce pont et à son extrémité, côté du Nord, cette autre masse de pierres qui tombe en masure. A la vérité, lors de l'aurore de la révolution française, en 1790, si ce n'eut été la prudence du célèbre Demoustier, ingénieur en chef, chargé de la construction de ce pont, ces petites masures n'existeraient plus; les habitans de Paris allant un jour au Champ-de-Mars travailler pour la fête de la première fédération des Français, et passant sur le pont de service qui était en bois pour les travaux de la construction du pont de Péronnet, ses habitans furent si fortement offusqués de voir la façade de ce pont masquée par un simple pavillon élevé d'un rez-de-chaussée seulement, qui formait un salon du logement du ci-devant Prince de Condé, qu'un élancement naturel les porta à le démolir; et déjà plus de deux cents personnes avaient franchi le petit mur des terrasses qui existaient alors en cet endroit pour y mettre le marteau; déjà plusieurs s'étaient emparés des outils qui servaient aux ouvriers du pont, lorsque l'ingénieur Demoustier parut. Il leur observa que quoiqu'il fût bien d'avis de franchir cette ouverture vis-à-vis ledit pont, il croyait qu'il était prudent, avant de faire aucune démolition, de décider une largeur, et d'en fixer le plan, ce dont il allait, leur dit-il, s'occuper, pour ensuite le soumettre aux autorités civiles. Sur cette observation, chacun se retira et continua sa route pour le Champ-de-Mars ; depuis on a seulement reculé une portion de ces murs pour donner un dégagement à l'arrivage de ce pont en coin tourné, et l'on a supprimé ce salon en exhaussant les murs ; on a ensuite élevé cette masse de pierres que l'on voit maintenant, et où se tiennent les séances du Corps législatif, tandis qu'il était si facile d'établir cette salle à droite ou à gauche, et de former au milieu une ouverture avec un arc de triomphe digne des Français, qui aurait rappelé le souvenir de l'époque de leur révolution ; par ce moyen, on aurait supprimé la partie de la rue de Bourgogne à la rue de Lille et de l'Université, qu'on aurait jointe à l'emplacement qui serait resté de ce côté, pour y faire telle construction que l'on aurait jugé convenable. Il y aurait eu encore assez d'espace et d'emplacement à droite dans tout ce qui reste des dépendances de cet endroit pour y former la résidence du Corps législatif et tous ses accessoires, ce qui aurait certainement produit plus d'agrémens et d'avantages que l'on n'en peut trouver dans l'état actuel.

DIX-HUITIÈME PROJET. — *Nouvelle église de la Madeleine.*

Une autre rue, également utile et nécessaire à ce même embellissement, c'est-à-dire, celle déjà projetée depuis long-tems, qui doit circuler autour de la nouvelle église de la Madeleine, et aller rejoindre celle de Clichy et Saint-Lazare, chaussée d'Antin. Mais, comme nous venons de l'observer à l'article de la rue de Bourgogne, cet édifice commencé en 1785, ne montre encore qu'un tas de pierres qui annonce une ruine depuis 1789, dont la dépense, pour terminer l'exécution du projet qui a été conçu à ce sujet, serait immense, ce qui doit faire envisager qu'il serait plus avantageux de faire la vente des matériaux que ce monument commencé contient, pour ensuite être employés en nouvelles constructions, qui seraient formées de chaque côté de la nouvelle rue dont il vient d'être parlé, et de la même largeur que celle des Colonnades de la place Louis XV, maintenant place de la Concorde, et donner à cette rue un nom digne de son élégance et de sa position.

Enfin, il n'est personne, pour peu qu'il ait de l'amour pour les arts et le commerce, qui ne soit persuadé, à l'examen de l'ouverture de cette rue tracée au plan ci-joint, des avantages qui en résulteraient par l'influence des arrivages de la route Saint-Denis, qui aboutissent à la barrière de Clichy, où chacun appercevrait cette nouvelle et magnifique rue, qui conduirait dans tous les quartiers des faubourgs Saint-Honoré et Saint-Germain ; ce qui doit faire concevoir facilement que les terreins qui borderaient cette nouvelle rue, seraient bientôt changés en superbes maisons et autres édifices, avec jardins d'agrément et emplacement de commerce, qui, en peu de tems, surpasseraient ceux de la Chaussée-d'Antin, pour la splendeur et les richesses que ce dernier quartier a acquis depuis vingt ans. Nous apprenons à l'instant que le citoyen Lemit, architecte, a déjà proposé l'ouverture de cette rue, avec le projet de l'élévation d'un arc de triomphe, en place de la masse de pierres qui existe aujourd'hui. Cependant, sans tenir à la suppression de cette masse de pierres, on pourrait, quoiqu'en achevant l'édifice pour lequel elle est destinée, former l'ouverture de la rue ci-dessus proposée, en la faisant passer de chaque côté et tout au pourtour, d'après l'avis de plusieurs autres artistes qui, tous sont, à cet égard, du même avis pour son ouverture.

DIX-NEUVIÈME PROJET. — *Château des Tuileries.*

Ce monument, vraiment digne de l'attention de tous les connaisseurs et de l'admiration des étrangers qui viennent en France, vient d'être dégagé de toutes les maisons qui l'entouraient, comme nous l'avons déjà observé dans nos cahiers précédens. Une superbe place vient d'y être formée, et en rend l'ensemble majestueux ; mais, pour l'embellir encore, il faudrait qu'une rue de soixante pieds de large fut pratiquée, à partir du milieu du principal pavillon, en droite ligne jusqu'au pavillon du Télégraphe, au Château du Louvre, maintenant nommé Palais des Sciences et Arts, ensuite qu'à partir du milieu de ce dernier monument, une autre rue de même largeur fut formée pour aller rejoindre la rue de la Monnaie ; là il y aurait une patte-d'oie qui formerait l'embranchement pour ces deux rues, ensuite on éleverait deux corps de bâtimens de chaque côté desdites rues, avec colonnades et galeries, ce qui ferait que les passans, allant et venant du Nord au Midi de cette immense Cité, par la communication du Pont-Neuf, auraient l'agrément de la vue de ce magnifique monument, dont l'ensemble présenterait un coup-d'œil vraiment surprenant. A la satisfaction générale, rien ne masquerait le plus bel édifice qui existe dans l'Europe ; tout engagerait à donner à cette rue nouvelle le nom d'un héros digne de la reconnaissance de tous les Français.

VINGTIÈME PROJET. — *Église et quartier Saint - Eustache.*

Ce monument qui se trouve vis-à-vis la rue des Prouvaires, si peuplée, si passagère, si fréquentée, et qui entrave journellement le service public, pourrait supporter un changement dans sa localité sans le dénaturer, ni altérer sa solidité, pour donner un dégagement à l'affluence des passans dans ce quartier. Le projet serait de prolonger la rue des Prouvaires, au moyen d'une arcade qui passerait sous ce monument, en ligne droite jusqu'à la rue Montmartre ; ladite arcade serait formée dans la traverse de l'église ; c'est-à-dire, en formant une voûte en pierres ou en moëlons, sur laquelle serait établi un plancher dans toute la superficie, élevé de dix-huit pieds au-dessus du sol actuel du pavé de la rue, de manière à former quinze pieds d'élévation en sous-œuvre, au-dessous de ladite voûte, propre par ce moyen à y établir des magasins dessous ; au-dessus seraient de plein-pied les autels et accessoires du temple divin. On construirait ensuite de chaque côté de la porte principale de la rue du Jour, un perron en forme de fer à cheval, qui servirait pour arrivage au service de l'église : un pareil perron pourrait être également formé du côté de la rue Montmartre, dans l'enclos du presbytère existant maintenant, au moyen de la suppression de quelques corps de-logis particuliers, vis-à-vis le passage qui conduit à la rue Montorgueil. On pourrait même faire disparaître tous les corps-de-logis existans maintenant entre cet édifice, la rue du Jour et celle Montmartre, pour former à leur place un jardin avec les logemens nécessaires aux prêtres et desservans de cette église, dignes d'accompagner un pareil monument. On voit que ce projet est d'autant plus facile à exécuter, en raison de l'élévation hardie de cette église, qu'il n'offrirait aucunes difficultés d'une part, pour y placer au-dessus de la voûte proposée, tous les établissemens du culte tels qu'ils existent maintenant ; d'un autre côté, les galeries qu'on établirait sous ladite voûte, pour magasins, rapporteraient un revenu considérable par leur location, en considération de l'emplacement qui est si précieux sous tous les rapports : motif à joindre à celui du dégagement nécessaire à la voie publique, qui nous a fait concevoir ce projet. Nous le soumettons à tous les artistes et amateurs des beaux arts, pour que chacun d'eux l'examine, et y fasse les réflexions et observations que leur expérience leur dictera.

XXIe. PROJET. — *Établissement de deux Tueries hors l'enceinte de la ville.*

Un projet d'une importance majeure pour la salubrité de Paris, et digne, sous ce rapport, d'être pris en considération par les magistrats chargés de la police, est celui de faire disparaître de l'intérieur de la ville toutes les tueries particulières qui, dans certains quartiers très-populeux et peu aérés, contribuent encore à corrompre le peu d'air qu'on y respire.

Il s'agirait de faire construire, au moyen de l'autorisation du Gouvernement, un enclos spacieux avec bâtimens, hangards et tous les accessoires nécessaires à une tuerie, sur une portion des terreins situés hors la barrière de Grenelle, à deux cents toises de distance de la rivière. Des pompes seraient facilement établies en cet endroit pour fournir toute l'eau nécessaire à l'entretien de la propreté, et un égout que l'on bâtirait, conduirait toutes les immondices à la rivière : par ce moyen, la promenade des habitans de ce côté ne serait incommodée d'aucune odeur. Le deuxième et pareil établissement serait vis-à-vis celui-ci, à l'autre extrémité de la rivière, dans la prairie du bas d'Auteuil. On pourrait aussi placer ces deux établissemens, l'un à l'île des Cygnes, et l'autre au marais de l'allée des Veuves, côté opposé, au bas de Chaillot, près l'égout.

Ces deux établissemens étant faits, tous les bouchers seraient obligés d'y conduire leurs bêtes à cornes, et paieraient, à cet effet, un droit qui serait fixé, et régi, soit pour le compte du Gouvernement, soit pour celui d'Entrepreneurs à ce autorisés, qui auraient fait les frais de l'établissement.

XXIIe. PROJET. — *Observation sur le Marché au Poisson.*

Plusieurs Auteurs ont écrit sur la nécessité de désinfecter ce Marché. En effet, il est situé dans un quartier très-populeux et très-passager, et pour peu qu'il y ait de chaleur dans le tems, on n'y saurait passer sans être incommodé de l'odeur qui s'en exhale. Pour y remédier, il conviendrait d'y établir un courant d'eau ; et au moyen de deux ou trois pompes, on laverait, chaque jour, les tables et le pavé ; on pratiquerait pour l'écoulement de ce lavage un égout qui irait rejoindre l'égout Montmartre, qui n'en est pas éloigné.

XXIIIe. PROJET. — *Réunion de l'île Louvier à celle de la Fraternité (ci-devant Saint-Louis); aggrandissement du port Saint-Paul; formation d'une gare et construction d'un pont.*

Ce projet a déjà été présenté en 1789, à l'assemblée constituante, par un artiste connu ; nous le rappelons donc aujourd'hui, en observant qu'il est d'autant plus intéressant que d'une part, ce bras de rivière serait : 1°. bien plus régulier et bien plus facile pour la navigation de ce côté, qu'elle ne l'est présentement ; 2°. procurerait également les moyens d'en former une gare depuis son embouchure vis-à-vis le jardin du ci-devant prince Montbarrey, jusqu'au

(25)

Port-au-Bled ; 3°. augmenterait la communication de l'île Notre-Dame à celle de la Fraternité, avec le pont de la Cité, par lequel le commerce pourrait se faire avec facilité, en une seule direction, du Pont-Neuf au port de la Rapée et fossés de l'Arsenal, au moyen d'un pont d'une seule et superbe arche avec chemin de hallage dessous, que l'on construirait à la pointe de cette île;
4°. donnerait un moyen d'agrandissement à l'île de la Fraternité, propre à y former plusieurs édifices pour établissemens publics ou maisons particulières;
5°. enfin, procurerait les moyens de faire les travaux nécessaires pour augmenter l'étendue du port Saint-Paul, en disposant les terrains et emplacemens qui bordent ce bras de rivière maintenant, côté du Nord, de manière à former un superbe port et quai, en ligne droite de la rue Saint-Paul, jusqu'à l'arrivage de la branche du canal de l'Ourcq, figuré de ce côté au plan ci-joint.

On doit facilement apprécier l'utilité de ces divers projets, sur-tout de ce dernier, pour suppléer au peu d'étendue du port Saint-Paul qui existe aujourd'hui, et qui est si précieux par sa situation, comme étant le seul qui soit à portée, non-seulement des grands débits pour les arrivages, débarquemens des marchandises de ce côté, mais encore pour former une gare qui puisse mettre en sûreté les divers objets, et les garantir des évènemens malheureux que les débâcles des glaces ou débordemens des eaux sont susceptibles d'occasionner tous les ans. Pour parvenir d'une manière simple à cette dernière opération, il suffirait de la construction d'un ou plusieurs forts bateaux, préparés de manière à ne servir que pour mettre en tems et lieu au-devant de l'arche ci-dessus projetée, c'est-à-dire, à son entrée, côté du Levant, avec des accessoires disposés à recevoir le choc des glaçons qui viendraient s'y briser, pour ensuite filer entre les autres bateaux qui seraient garés dans cette partie de bras de rivière, le tout de manière à ce que ce fort bateau puisse être ancré et déplacé à volonté, suivant que les circonstances l'exigeraient pour la sûreté et la commodité de la navigation.

XXIVe. PROJET. — *Canal de l'Ourcq, dans l'intérieur de Paris, avec ses bassins pour ports et gares, figurés au plan, côté du Nord.*

Comme nous avons déjà rapporté, au sujet de ce canal, les contestations qui existent entre l'Ingénieur en chef chargé de la direction des travaux, et l'Administration des Ponts et Chaussées, lesquelles ne paraissent pas devoir être de sitôt terminées, quoique cet Ingénieur ait employé tous ses moyens pour démontrer, d'un côté, qu'il avait raison, et d'un autre, que son opération ne dépendait nullement de l'Administration du Corps des Ponts et Chaussées. Cependant il paraît que des ordres ont été transmis aux entrepreneurs, de cesser les travaux commencés du côté de Meaux. En attendant le résultat de cette discussion, nous avons cru devoir rappeler que le vœu général a toujours été de faire de la rivière d'Ourcq un canal de navigation, et non pas seulement de dérivation, tel que l'annonce l'espèce de fossé ou chaussée de dix pieds de largeur, exécuté déjà dans une grande étendue de terrain entre Meaux et Paris; en conséquence, nous avons figuré sur le plan ci-joint, non-seulement la partie de ce canal, tel qu'il paraît être adopté pour être construit depuis la barrière Saint-Martin à la porte Saint-Antoine, pour ensuite joindre la Seine par les fossés de l'Arsenal, mais nous avons pensé de plus, qu'il pourrait être partagé en deux branches, au moyen de la formation d'un bassin que l'on établirait au haut du faubourg Saint-Martin, à l'endroit de la Voierie de ce quartier, pour d'un côté venir à la Seine, par l'Arsenal, et de l'autre par les Champs-Élysées, le tout suivant la direction figurée audit plan.

On voit que si ce canal était ainsi exécuté, il procurerait, d'un côté, une grande facilité pour le transport de tous les objets en général dans les divers quartiers de cette ville, et d'un autre, des bassins pour ports, et enfin la commodité et sûreté de garer tous ces mêmes objets, dans toutes les saisons de l'année, outre l'agrément qu'il donnerait à tous les habitans, soit par la promenade, soit par l'usage des eaux, utiles et nécessaires dans toutes les circonstances; des trottoirs ou chemins de hallage, bordés d'une rangée d'arbres sur les côtés de ce canal, lui donneraient toute l'élégance à laquelle une ville comme Paris a droit de prétendre.

XXVe. PROJET. — *Canal des rivières d'Orge, d'Yvette et autres que l'on propose de conduire à Paris, pour être partagé en deux branches, avec réservoir et bassin pour ports et gares, dans les quartiers des faubourgs St.-Marceau, Saint-Jacques-du-Haut-Pas, Saint-Germain-des-Prés, tel qu'il est figuré au plan ci-joint.*

Après avoir parlé du canal de l'Ourcq, qui s'exécute maintenant, et avoir apprécié l'utilité qui pourra en résulter pour toute la partie du nord, de Paris, nous avons envisagé que le côté opposé de cette grande ville desire également un pareil établissement, et que ses habitans n'en méritent pas moins l'attention du Gouvernement que ceux du nord. Nous avons cru devoir profiter de cette occasion pour, d'une part, indiquer cette autre partie de canal et bassin projetés, et l'autre, rapporter ici les articles mentionnés au projet de dérivation du cit. Gauthey, inspecteur général des ponts et chaussées, dont nous avons déjà parlé dans nos cahiers précédens, relativement au canal de l'Ourcq.

Le cit. Gauthey s'exprime ainsi, article 12, page 4 de son Projet:

« Nous avons en France, dit-il, plusieurs villes où l'on a amené l'eau des rivières supérieures, entr'autres, Toulon, Marseille, et sur-tout Montpellier, où l'on a fait un aqueduc porté sur des arcades, sur plus de 500 toises de longueur, qui conduit l'eau dans la partie la plus élevée de la ville, à 90 pieds au-dessus du terrain naturel; l'on a conduit, à Londres, sur près de 40,000 toises de longueur, une rivière qui produit 4000 pouces d'eau.

13. La ville de Paris n'a encore que l'aqueduc d'Arcueil, qui ne fournit que 80 pouces d'eau; quelques eaux qui viennent des prés Saint-Gervais et de Belleville, qui, jointes à celles des machines hydrauliques, ne fournissent qu'environ 200 pouces, dont 30 appartiennent à des particuliers : ces eaux sont distribuées à près de cinquante fontaines.

14. Il faut convenir que cette quantité d'eau est bien peu de chose pour une ville aussi peuplée que Paris; cependant il est peu de positions de grandes villes plus favorables que celle de cette capitale, pour y conduire facilement une très-grande quantité d'eau, puisque l'on trouve, à peu de distance, plusieurs rivières dont les sources sont plus hautes que les quartiers les plus élevés de Paris, et qui peuvent y être conduites le long des côteaux qui bordent la Seine et la Marne.

On espère fournir à Paris, d'un seul côté, près de 10,000 pouces d'eau provenant de l'Ourcq et des rivières qui se joindraient au canal.

(27)

15. Mais quelqu'abondantes que soient les eaux de ces rivières, il est difficile qu'elles puissent être distribuées dans toute l'étendue de Paris ; il ne faut guère compter les employer que pour la partie septentrionale de la ville, qui se trouve terminée par la Seine ; car on ne pourrait la faire remonter par des tuyaux qui passeraient sous le pavé des ponts, du côté de la partie méridionale, avec de grandes dépenses, qu'à 50 ou 60 pieds de hauteur au-dessus des basses eaux de la Seine ; et il y a plusieurs quartiers qui, dans cette partie, sont à près de 100 pieds au-dessus des basses eaux de la Seine.

16. On a projeté depuis long-tems de faire venir de ce côté les eaux de l'Yvette et de la Bièvre, qui fournissent, en été, 1500 pouces d'eau ; mais cette quantité n'étant pas comparable à celle que l'on tirerait de la Beuvronne, de la Thérouenne et de l'Ourcq, il sera facile de prendre, non-seulement les eaux de l'Orge, qui sont beaucoup plus considérables que celles de l'Yvette et de la Bièvre, mais de faire venir aussi les eaux de la Juine et de l'Essonne. Toutes ces eaux prises de ce côté, doivent être plus considérables que celles prises de l'autre, et l'on peut les faire monter au niveau de l'Observatoire, à plus de 100 pieds au-dessus des basses eaux de la Seine. On a le nivellement des rivières de Juine et d'Essonne dans le projet du canal d'Essonne, où l'on voit qu'en prenant l'Essonne un peu au-dessus des Malesherbes, et la Juine à peu de distance d'Étampes, on peut les conduire au-dessus du niveau de l'Observatoire avec une pente au moins équivalente à celle que l'on peut donner au canal de dérivation de l'Ourcq, par un canal qui aurait à peu près la même longueur que celui-là, si l'on suivait tous les côteaux.

17. On prétend que l'Ourcq, prise à Mareuil, fournira 10,000 pouces d'eau (1); mais je crois que cette quantité est trop forte, car en comparant l'étendue du terrain qui fournit les eaux à cette rivière à Mareuil, avec celle qui fournit les eaux à l'Yvette et à la Bièvre, qui ont été jaugées exactement, on trouve que ces deux rivières ne fournissent, en été, que 1500 pouces d'eau, et 2840 en hiver ; l'Ourcq ne fournirait que 5000 pouces, et que toutes les rivières de ce côté ne fourniraient que 7000 pouces en été, 13,200 en hiver, et celles de l'autre côté 8000 pouces en été, et 15000 en hiver, ce qui fait en tout 15000 pouces en été, et 28000 pouces en hiver.

18. On a reconnu dans la rigole du canal du Midi, qu'il se perd un tiers de l'eau dans le trajet. En retranchant de cette quantité le tiers pour les pertes provenantes des évaporations et des filtrations, on voit que l'on pourra disposer, pour Paris, au moins de 10000 pouces en été, quantité plus grande que celle que l'on avait fait venir à Rome, sous l'empereur Auguste, dans le tems de la plus grande magnificence de cette ville, et plus du sextuple de celle qui y arrive actuellement, que l'on ne fait monter qu'à 1500 pouces, quoique cette ville soit celle de l'Univers, qui offre le plus grand luxe en ce genre.

19. Il est certain qu'une aussi grande quantité d'eau amenée dans les quartiers les plus élevés de Paris, et se distribuant dans tous les autres, excède de beaucoup les simples besoins des habitans et le nétoiement des rues ; mais comme il est reconnu que l'on ne peut pas procurer à une grande ville, des monumens qui annoncent davantage sa magnificence, que l'établissement des

---

(1) Le pouce d'eau des fontaines fournit 19 mètres cubes d'eau en vingt-quatre heures, faisant 576 pieds cubes, ou 72 muids.

fontaines publiques fournissant une grande quantité d'eau, je pense que le Gouvernement ne manquera pas d'établir, dans cette ville, des fontaines jaillissantes qui formeront des gerbes, de grandes nappes d'eau, et des cascades dans le genre de celles de Rome.

20. Toutes nos places publiques n'ayant plus rien qui les décorent dans leur milieu, depuis la destruction des statues équestres, ces monumens seront remplacés avec grands avantages par des fontaines abondantes, dont le mouvement des eaux anime, pour ainsi dire, les endroits les plus déserts, et qui peuvent être décorées par des obélisques, des colonnes colossales portées sur des rochers, que l'on peut aussi décorer de statues de marbre; tels que la place Navone à Rome, ou par de simples cascades sortant d'une masse de rochers décorés de statues de marbre.

21. On peut décorer de cette manière la place des Victoires, la place ci-devant Royale, la place Vendôme, la cour du Louvre, la place de Grève, la place du Panthéon, celle de Saint-Sulpice, celle devant le Corps Législatif, celle devant le Palais du Tribunat, et quelques autres. La place du Carrousel pourrait avoir deux fontaines, comme celle de la place Saint-Pierre de Rome. Celle de la Concorde pourrait en avoir quatre. Une aussi grande quantité d'eau en fournirait abondamment et continuellement aux jardins publics des Tuileries, du Luxembourg, du Tribunat, et même dans les Champs-Élysées.

22. Nous n'avons à Paris que deux fontaines publiques décorées; la fontaine des Innocens, la fontaine de Grenelle; mais l'une n'a pas d'eau, et l'autre n'en a que par des robinets qui en fournissent fort peu, et que l'on est obligé de laisser fermés pour ménager l'eau. Ces deux fontaines sont cependant susceptibles, en faisant quelques changemens dans le soubassement de la seconde, de recevoir une très-grande quantité d'eau.

23. On peut aussi se servir, à cet effet, de deux grands monumens qui semblent avoir été construits pour cet objet : ce sont les deux arcs de triomphe que l'on nomme assez improprement les portes Saint-Denis et Saint-Martin, dont le milieu servirait toujours au passage public, et d'où l'on pourrait faire sortir des nappes d'eau, soit du dessus des piédestaux de l'arc Saint-Denis, soit en formant des niches dans les petites portes de l'arc de Saint-Martin, sur quoi on observera que les objets les plus dispendieux de monumens publics, sont les décorations d'architecture et les bâtimens qui forment les places ; et ici ce sont des monumens déjà existans, qui semblent avoir été faits avec cette destination.

24. Aucune des fontaines de Paris ne coule continuellement ; elles sont toutes fermées par des robinets, auprès desquelles les porteurs d'eau attendent long-tems leur tour, pour faire remplir leurs seaux. Le peu d'eau que l'on tire des aqueducs et des machines hydrauliques, exige cette économie : mais lorsqu'on pourra disposer d'une grande quantité d'eau, il n'y a aucune de ces fontaines que l'on ne puisse faire couler continuellement et avec assez d'abondance, pour que les porteurs d'eau n'attendent jamais.

25. On voit par l'énumération ci-dessus, que l'on pourrait avoir dans les places et les jardins publics de Paris, environ trente grandes fontaines ; et quand elles fourniraient, moyennant des nappes d'eau de 20 pieds de longueur, elles ne débiteraient pas 2,000 pouces d'eau, puisqu'une nappe d'eau

est

est bien garnie, sans laisser d'intervalle vide, lorsque l'on peut lui fournir trois pouces d'eau par pied de longueur. On pourrait, par conséquent, en fournir beaucoup davantage. Les petites fontaines à deux robinets pouvant fournir par jour 1,200 voies d'eau, ne dépenseront que deux pouces d'eau, ou quatre en les laissant couler la nuit. Les 50 petites fontaines ne dépenseront que 200 pouces, par où l'on voit qu'il serait aisé de multiplier au décuple ces fontaines, de telle sorte qu'il pourrait y en avoir dans chaque rue, comme il y en avait du tems d'Auguste à Rome.

26. On observera encore qu'une partie de Paris étant sur des côteaux, il sera facile de faire reproduire ces eaux des fontaines supérieures par d'autres fontaines inférieures, et même de les faire retomber dans la rivière par de grandes nappes d'eau, le long des quais.

27. On pourrait, sur-tout, faire tomber les eaux de la fontaine de Grenelle, par un monument élevé au milieu du quai Bonaparte, en élargissant ce quai de plus du double sur le quart de sa longueur, à la place d'un bas port qui resterait encore plus long qu'il ne faut. Cet élargissement serait même utile au pont des Tuileries, pour prévenir les affouillemens qui s'y font. On pourrait enfin tirer des eaux de ces fontaines, pour fournir à des bains publics, dans tous les quartiers de la ville.

28. Il n'est pas douteux qu'en faisant venir à Paris la plus grande partie des eaux de l'Ourcq, de la Thérouenne, de la Beuvronne, de la Bièvre, de l'Yvette, de l'Orge, de la Juine et de l'Essonne, on diminuera beaucoup le produit des moulins que font mouvoir ces rivières : cependant comme il n'est pas necessaire de faire venir à Paris une aussi grande quantité d'eau que celle que fourniraient ces rivières en été, ce ne sera que pendant ce tems que plusieurs moulins chommeraient absolument. Il y aurait toujours une quantité d'eau surabondante qui les ferait tourner, et sur-tout la plupart de ceux qui sont placés beaucoup au-dessus des prises d'eau, tels que ceux d'Essonne, etc., ne diminueraient pas considérablement de valeur.

29. Mais si l'on fait venir à Paris une quantité d'eau assez considérable, pour que les fontaines n'en absorbent pas la moitié, l'autre partie pourra être employée à former des courans d'eau qui se rendront à la Seine par différentes chûtes, depuis la barrière de Pantin, d'une part ; et depuis celle de Villejuif, d'autre part, en employant 5,000 pouces à ces courans, pour en former des usines de différentes espèces, par des chûtes de deux mètres de hauteur chacune. On pourrait former, d'une part, 11 chûtes, et de l'autre 15. La dépense d'eau d'un moulin ordinaire à farine, étant évaluée à 1,000 pouces, avec de pareilles chûtes on aurait à chacune deux ou trois roues, et en tout environ 66 usines qui nuiraient aux moulins placés sur les rivières que ces dérivations intercepteraient, et dont il faudra indemniser les propriétaires ; mais il n'est pas douteux que ces usines interceptées étant transportées à Paris, ne fussent d'un produit bien plus grand, et ne fussent infiniment plus avantageuses qu'étant disséminées au loin de la capitale.

On pourrait, avec ces secours d'eau, former une quantité de manufactures de toutes espèces, qui diminueraient la main-d'œuvre, et apporteraient à Paris une industrie qui n'y existe pas par défaut de moteurs, que l'on aurait alors avec abondance.

30. La décharge des fontaines établies dans la plus grande partie des rues, et sur-tout celles des grandes fontaines formant monument, se distribuerait

presque dans tous les ruisseaux des rues, à des jours et heures fixes, et servirait à leur nettoiement, et à emporter les immondices. Ce qui diminuerait beaucoup la dépense de l'enlèvement des boues et des neiges ; les eaux superflues se rendraient dans les égouts, et sur-tout dans le grand égout, où il se formerait une rivière abondante coulant continuellement, et enlevant toutes les immondices. On pourrait établir sur cet égout, qui est voûté presqu'en entier, toutes les tueries qui infectent beaucoup de quartiers. Une partie de ces eaux, même celles qui seraient surabondantes, pourraient aussi être distribuées dans les marais ou potagers qui environnent Paris, et serviraient à diminuer le prix des légumes en diminuant la peine du jardinier.

31. La quantité d'eau que l'on peut tirer du canal de l'Ourcq, étant assez considérable pour former un canal de navigation, il est question d'examiner si cette navigation aurait de grands avantages, et s'il ne serait pas préférable de se contenter d'une simple dérivation.

La navigation étant actuellement établie par la rivière d'Ourcq et la Marne jusqu'à Paris, il est certain qu'une nouvelle communication par un canal le long d'une rivière navigable, ne paraît pas bien utile ; cependant si l'on veut dériver, pour les quartiers élevés de Paris, la majeure partie des eaux de cette rivière, et même la totalité de ce qu'elle fournit en été, il n'est pas douteux que pendant cette saison la navigation actuelle de l'Ourcq serait nulle, et que, dans le reste de l'année elle serait fort diminuée, si l'on n'avait pas la faculté de faire passer dans le nouveau canal les bateaux qui ne pourraient alors passer de l'Ourcq dans la Marne. Il y a cependant apparence, qu'excepté en été, il y aurait assez d'eau dans la rivière d'Ourcq, pour que la navigation y restât établie, en faisant aux écluses qui ont plusieurs défauts et sont en assez mauvais état, d'assez grandes réparations ; alors on aura à choisir entre les deux moyens ; mais on ne peut douter que lorsque le nouveau canal de l'Ourcq sera fini, la navigation, par la voie actuelle, ne fût très-peu fréquentée, parce qu'elle a plusieurs inconvéniens qui n'existeront plus.

1°. On est obligé de décharger les bateaux de l'Ourcq dans ceux de la Marne, ce qui est une manœuvre toujours dispendieuse ;

2°. On est obligé de traverser plusieurs écluses sur l'Ourcq et sur la Marne, tandis que le nouveau canal n'en aura qu'une, ou même point du tout ;

3°. La longueur du trajet par la Marne est de plus de 5 lieues plus considérable, y ayant, d'une part, 60,000 (1) toises métriques, et de l'autre, seulement 42 à 44,000 ;

4°. Le huitième de Paris, du côté des faubourgs du Temple, Saint-Martin, Saint-Denis, auront moins loin à aller chercher le bois à la barrière, Martin, qu'à la rivière. Indépendamment du transport des bois qui est le principal objet du commerce de ce canal, il transportera encore des bleds et des légumes, et sur-tout on remontera beaucoup de fumier ; ce qui procurera un grand avantage à l'agriculture des pays voisins de ce canal. Ainsi il n'est pas douteux, puisque ce canal aura assez d'eau pour porter bateaux,

___

(1) On a conservé les anciens noms des mesures, conformément à l'Arrêté des Consuls, du 13 brumaire an 9, en leur donnant les valeurs des nouvelles mesures. La toise métrique est exactement de deux mètres ; le pied métrique d'un tiers de mètre, etc.

qu'on ne manquera pas d'y établir une navigation ; mais je pense que relativement à la formation du projet, on ne doit regarder cette navigation que comme secondaire et subordonnée à la dérivation d'une grande quantité d'eau pour Paris, qui est l'objet principal que l'on doit avoir en vue. »

Ainsi finit le citoyen Gauthey.

En appuyant les observations qu'on vient de lire, nous croyons que l'on pourrait tirer le même avantage pour la partie du Midi de cette grande ville, en y formant également un canal de navigation, quand même il ne serait navigable que dans l'intérieur de la ville de ce côté, tel qu'il est figuré au plan de Paris ci-joint, avec ses bassins pour ports et gares qui y sont également figurés, de même que ses chemins de hallage indiqués de chaque côte.

XXVIe. ET XXVIIe. PROJETS POUR LES EMBELLISSEMENS DE PARIS.

Troisième et quatrième Ponts à construire sur la rivière de Seine, aux deux extrémités de la ville, dont nous avons parlé dans nos cahiers précédens.

Avant de soumettre à nos lecteurs l'observation générale que nous avons promise à la fin du huitième cahier de l'an 12, nous transmettons le détail des deux projets de Ponts, ci-devant annoncés comme objets principaux de ceux figurés au plan de Paris ci-joint.

Le troisième pont serait construit au bas de Passy, hors des barrières, et le quatrième hors barrières, au-dessus de la Salpêtrière, vis-à-vis le boulevard de la nouvelle clôture de Paris, que nous indiquerons ci-après. Personne n'ignore les embarras et retards toujours dispendieux, qu'éprouvent les rouliers et autres voituriers, qui, sans avoir besoin à Paris, sont obligés de communiquer du Nord au Midi, et du Midi au Nord ; obligés aujourd'hui de traverser Paris, ils leur faut essuyer des visites, attendre et subir des perquisitions, obtenir des laissez-passer, ou *des permis en passe-de-bout*, etc., etc., aux bureaux des commis de barrières. Toutes ces formalités nécessaires néanmoins et indispensables pour éviter la fraude, retardent les voituriers, enchérissent les denrées, et par les formalités mêmes, et par les embarras inévitables dans une grande ville, embarras qu'ils augmentent encore sans aucune utilité pour la ville. Une légion de commis et d'employés est en activité continuelle pour l'exécution de toutes ces formalités. L'état en serait déchargé, et cette dépense supprimée, si ces formalités cessaient d'être necessaires. On voit donc du premier coup-d'œil, une première utilité de ces deux ponts, l'usage en apprendrait bien davantage. C'est pour cette raison que le commerce réclame depuis long-tems cette facilité de circulation extérieure de la ville. On pourrait aux deux extrémités de Paris, et à portée de ces deux ponts et de la rivière, construire des entrepôts et magasins de toutes espèces de marchandises, pour les mettre en sûreté lors des grandes eaux et des debacles ; ce qui suppléerait en quelque sorte, et remplacerait la gare, préserverait les denrées et marchandises des avaries et des pertes qui arrivent journellement sur la rivière, où elles sont quelquefois obligées de séjourner des années entières, faute d'emplacemens suffisans pour les ports ; enfin, cela procurerait une grande facilité d'approvisionnemens, de circulation, de communication ou d'échanges et de débouchés de tout genre à toutes ces marchandises, sans obliger à aucune formalité, ni aucuns frais pour les entrées, ni à aucune inspection, surveillance ou autre travail des employés, avant la vente. On sent combien les soins dont ces employés sont surchargés aux barrières, en seraient diminués. Le nombre des commis pourrait l'être alors pour la même raison, et l'ordre même y gagnerait beaucoup pour son établissement et son maintien : car tout le monde voit la confusion et le désordre inévitable dans une pareille affluence. On nous observera peut-être, que les canaux que nous avons figurés au plan ci-joint, étant une fois exécutés, pourront remédier à une partie de ces inconvéniens. Nous répondrons que les canaux et bassins qui pourront être exécutés dans l'intérieur de la ville, ne serviront que pour le transport et décharge dans Paris, de toutes les marchandises qui auront payé les droits d'entrée ; par cette raison ils ne pourront servir de gare ni de ports à cette quantité de marchandises de toutes espèces, qui sont obligées d'attendre, pour ne pas payer les droits d'entrée avant leur débit.

VINGT-HUITIÈME ET VINGT-NEUVIÈME PROJETS.

Partie de routes, grands chemins, ou boulevards à former autour de Paris, pour rendre la communication plus facile au moyen des deux ponts ci-dessus.

Pour que ces ponts procurassent tous les avantages dont ils seraient susceptibles, on construirait, pour servir de routes, une partie de boulevards :
1°. Derrière la Salpêtrière, à partir du pont projeté, jusqu'à la barrière des Gobelins ;
2°. Une autre partie de boulevards à l'autre extrémité dudit pont, pour rejoindre, d'un côté, la barrière du Trône, et de l'autre, celle de Charenton ;
3°. Au bas de Passy, à partir également du pont projeté à cet endroit, une rue neuve, côtoyant la montagne des jardins qui font face à la rivière, pour aller rejoindre la rue neuve du haut de Passy, et le boulevard neuf de la barrière de Long-Champ ;
4°. Une autre partie de boulevards à l'extrémité opposée de ce même pont, serait construite à partir extérieurement de la barrière du château de Grenelle, jusqu'à celle de Vaugirard, et de là traversant la plaine en droite ligne, jusqu'à la barrière d'Enfer, *ainsi qu'il est figuré au plan.* On pourrait même prendre cette direction pour faire une clôture de Paris, faite sous Napoléon Bonaparte, non pas par des murs en élévation, comme ceux qui existent maintenant, et qui ont été construits en 1785, 86, 87 et 88, mais bien par des fossés et murs, *non en forme ni modèle de forteresse*, mais élevés à hauteur d'appui seulement, avec tablettes en pierre dessus, surmontés d'une grille en fer, garnie d'un gros treillage en gros fil de fer, de cinq pieds au-dessus. Nous citerons pour modèle celle qui vient d'être établie au petit fossé du pavillon de Flore du palais des Tuileries, vis-à-vis le pont National, ci-devant Royal, laquelle étant posée sur un mur d'appui élevé d'un mètre, forme en total huit pieds de hauteur environ, et rend cette clôture régulière. L'on doit être revenu de l'erreur qu'on a fait commettre aux Parisiens, lorsqu'on leur faisait détruire en 1790 tous les jardins potagers de leurs environs, pour former des camps autour de Paris. L'ex-

périence nous a tous convaincus qu'une ville comme Paris n'a pas besoin de forts, et que si on était dans le cas de craindre l'approche de l'ennemi, ce serait plutôt à vingt lieues au-delà de ses limites qu'il faudrait établir des camps pour attendre son attaque, afin d'avoir derrière soi une étendue de superficie de terrein pour y conserver non - seulement des provisions, mais même avoir l'espoir d'en récolter, plus tôt que du sable et du pavé qu'on trouverait dans l'enceinte de Paris. Enfin, pour en revenir aux troisième et quatrième ponts projetés dont nous avons parlé, on voit, au moyen de ces changemens et embellissemens, les facilités et autres avantages multipliés qui résulteraient pour le commerce de la capitale et des environs, pour les voituriers et les voyageurs, et en même tems pour les cultivateurs, négocians, manufacturiers et consommateurs, ajoutons et pour les amateurs de la campagne que les parisiens recherchent toujours avec tant d'avidité. Nous ne répéterons pas ici tous les plans et projets de tout genre, comme ponts, rues, marchés et monumens qui ont déjà été proposés pour cette vaste cité, par plusieurs auteurs. Un pont en fer vient d'être proposé, dit-on, à construire vis-à-vis l'école militaire, par le citoyen Poyel, architecte.

Nouvelle clôture de Paris.

La nouvelle clôture de cette ville serait des fossés à construire autour de Paris, d'après le modèle que nous avons cité au précédent article ; suivant les quatre lignes ponctuées et tracées dans toute l'étendue du pourtour du plan ci-joint. Ces fossés auraient vingt-quatre pieds de largeur, fouillés à quatre ou cinq pieds de bas seulement, qui, joints à l'exhaussement que produirait la terre de leurs déblais, jetée sur berge de chaque côté, donnerait six pieds au moins de profondeur auxdits fossés, revêtus de murs de terrasse, élevés hors des terres de chaque côté, à hauteur d'appui, couverts de dalles de pierre, surmontés d'une grille peinte en vert, comme nous l'avons déjà désigné, avec boulevard de chaque côté en dehors et en dedans de la ville, ce qui formerait double clôture : établir ensuite diverses descentes pour entrer dans les fossés en dedans de Paris, de manière à pouvoir y faire des jardins plantés d'arbres, pour être mis en valeur réelle, soit au profit du trésor public en les louant aux habitans du quartier, soit en les confiant aux agens des octrois, pour indemnité de leurs fonctions, si on le juge convenable. Former ensuite des arcs de triomphe pour servir d'entrées aux principales barrières de cette ville, et notamment celles qui conduisent aux routes de Versailles, Neuilly, Clichy, Saint-Denis, Pantin, Vincennes, Charenton, Fontainebleau, Bourg-Égalité, etc. ; ils représenteraient les traits d'héroïsme et les victoires des français. Enfin, les étrangers et les voyageurs français verraient cette clôture et ces entrées qui annonceraient les limites de cette ville, de manière à être distinguées de toutes les autres de l'intérieur du territoire de l'Europe. C'est là que chacun admirerait cette ville de tous côtés, et dirait : *Ah ! voilà Paris*, on le reconnaît à ses limites majestueuses, qui remplacent les murs construits en 1787, qui ont été faits sans goût, et n'ont donné aucune ressemblance à la clôture d'une ville capitale.

Enfin, nous avons également ponctué différentes autres lignes droites sur ce plan, qui indiquent les endroits où l'on pourrait faire l'ouverture de plusieurs nouvelles rues, formation de places et constructions de monumens publics, tant pour les dégagemens que pour les embellissemens des différens quartiers de cette vaste cité, tels qu'ils sont plus amplement détaillés à l'observation générale sur ces embellissemens mentionnés ci-après.

Observations particulières sur les objets que la voierie pourrait prévoir.

Il serait peut-être bien essentiel que le Gouvernement ordonnât au bureau de la grande voierie de cette vaste cité, de consulter le plus promptement possible le plan général de Paris, entre autre, celui fait par M. Verniquet, architecte, pour y examiner toutes les rues nouvelles qui seraient susceptibles d'être ouvertes, continuées ou prolongées en ligne droite ou élargies dans l'intérieur de cette ville, pour faciliter et multiplier les moyens de communication, ensuite faire poser des bornes dans tous les jardins, cours ou chantiers, suivant l'alignement de ces rues, qui serait dans le cas d'être fixé, faire ensuite réduire ce plan au trait seulement, en ponctuant exactement toutes ces lignes, en faire tirer un grand nombre d'exemplaires, pour que le prix puisse être à la portée de tous, afin que celui qui serait dans l'intention de faire bâtir ou d'acquérir quelques objets d'immeubles dans cette ville, puisse voir au premier coup-d'œil, si l'objet qui appelle son attention, est susceptible de supposer quelques formalités relatives à la voierie, pour les alignemens des rues ou autres objets nécessaires au dégagement de la voie publique. Par-là chacun serait à même de se préserver, et de ne plus être à l'avenir exposé à subir quantité de difficultés, et même de surprises que l'on rencontre journellement dans tous les objets qui ont rapport à cette partie de commerce et d'administration, qui est considérable dans cette capitale.

TRENTIÈME PROJET. — *Nouveau palais épiscopal à Paris, et réunion de celui qui existe maintenant à l'Hôtel-Dieu, au moyen du nouveau percement proposé dans la Cité, pour la communication de l'Hôtel de-Ville a la place Maubert, par les deux ponts que nous avons ci-devant proposé de construire à ce sujet.*

En raison de l'ouverture de rues et de la construction des ponts projetés de l'Hôtel-de-Ville et de l'Archevêché, dont nous avons parlé page ... de ce volume, nous proposons de réunir le restant des bâtimens et dépendances de l'ancien Archevêché, à ceux de l'Hôtel-Dieu, et pour suppléer au logement de monseigneur l'Archevêque et de toute sa maison. Nous proposons de lui construire un nouveau palais à la pointe de l'île, où sont présentement des fonderies, derrière Notre-Dame, d'où la nouvelle rue projetée pourra communiquer auxdits ponts, et passer entre ces deux monumens; enfin, de construire trois corps-de-logis; savoir: le premier, qui serait le principal, vis à-vis Notre-Dame; le deuxième, côté du Nord, ferait face à l'arrivage du pont de la Cité; le troisième, côté du Midi, ferait face à la rivière; au bout serait un jardin, avec grille, le tout construit de manière à ce qu'il soit pratiqué un quai et passage tout au pourtour de ce monument.

Suppression du corps-de-garde de la rue Saint-Honoré, dit barrière des Sergens.

Un carrefour aussi populeux et passager, où aboutit l'arrivage des quatre extrémités de la ville, augmenté aujourd'hui par la communication du faubourg Saint - Germain, au quartier de la place des Victoires, par la rue Croix - des - Petits - Champs, au moyen du nouveau pont construit en fer, vis-à-vis la rue du Coq, entre le palais des Arts et celui des Sciences, réclame depuis long-tems la démolition du modique corps-de-logis situé au milieu de la voie publique, et servant jadis de corps-de-garde, maintenant fermé. Il ne sert qu'à offusquer les passans, embarrasser l'arrivée des voitures, qui, de tous côtés, s'y rencontrent, s'y croisent, s'y accrochent, et occasionnent jour et nuit mille accidens fâcheux, faute d'espace et de dégagement suffisant à cet endroit. On pourrait éviter ces inconvéniens en faisant l'exhaussement du pavé, au moyen de la formation d'une partie de trottoir au long des maisons, derrière ce corps - de - garde, lequel trottoir en partant de vis - à - vis la rue du Coq, jusqu'à l'encoignure de la rue Croix-des-Petits Champs seulement, arriverait en point coupé à cet endroit, tout disposé de manière à y construire en dessous un aqueduc ou conduit pour l'entrée de l'égoût, fermé par une grille. On ferait par - là disparaître cette modique baraque du ci-devant corps - de - garde dont nous venons de parler ; on rétablirait le ruisseau et le pavé d'une manière commode à l'écoulement des eaux et au passage du public.

Note sur la construction de quatre hôpitaux, proposée en 1785, et adoptée par arrêt du conseil d'état, dans la même année, et restée sans exécution.

Nous croyons devoir rappeler ici en faveur de l'humanité, un projet qui, sous ce rapport, doit être considéré comme l'un des plus importans de tous ceux dont nous avons entretenu nos lecteurs dans les cahiers précédens.

Nous reviendrons avec détail sur ces établissemens si nécessaires, mais en attendant nous renvoyons nos lecteurs au projet imprimé en 1785, par ordre du Gouvernement, joint au rapport de l'académie française, publié la même année à ce sujet. Nous en insérerons des extraits dans l'un des cahiers du deuxième volume.

« Le plan de Paris, dit l'abbé Lauzier, a été fait au hasard et sans dessin, aussi est-il défectueux dans tous les points. C'est une grande forêt pleine de routes et de sentiers, tracés sans méthode et contradictoirement à toutes les vues de commodité et d'arrangement. On y est exposé à une multitude d'embarras que l'affluence des voitures et l'insolence des cochers rendent de jour en jour plus périlleuse. Il faudrait les prolonger toutes autant qu'elles peuvent l'être pour éviter les tournans trop fréquens. Il faudrait percer de nouvelles rues dans tous les massifs de maisons qui ont plus de cent toises de longueur. Dans tous les endroits où les rues se croisent, il faudrait couper les angles. A tous les carrefours il faudrait des places. Il faudrait de larges quais sur tous les bords de la rivière. Il faudrait démolir toutes les maisons qui sont sur les ponts. Il faudrait avoir le courage et la volonté de bien faire, consacrer annuellement des fonds à cette grande réparation, et soumettre l'entreprise à une autorité fixe, qu'on désespérât de corrompre, et qui fît triompher le bien général de toutes les considérations particulières. Il serait de la gloire de nos Rois et de la dignité de la nation, de faire tout concourir, dès à présent, au dessein de rendre notre capitale aussi supérieure à toutes les autres par la perfection de son plan, qu'elle l'est déjà par la beauté de ses principaux édifices, par l'immensité de son enceinte, par l'avantage qu'elle a d'être le centre et l'école de tous les beaux arts. »

Puisse notre plan et les idées que nous venons de soumettre à nos lecteurs, leur faire naître des projets plus vastes, plus réfléchis, plus utiles, plus avantageux et plus faciles à exécuter que ceux dont nous avons donné le détail! Nous nous croirons toujours dédommagés et satisfaits d'avoir contribué à développer des idées plus heureuses, et à faire connaître celles des artistes qui ont bien voulu nous communiquer leurs plans.

De l'Imprimerie du RECUEIL POLYTECHNIQUE, rue Barre-du-Bec, n°. 2.

...aux de Navigation, qui se partagent chacun en deux parties;
...t tel qu'il est plus amplement expliqué et détaillé aux
...t de Napoléon Bonaparte, Premier de l'Empire Français.

1º. Plan DE PARIS.
Tel qu'il étoit 56 ans avant
C...s enfermant à cette époque
...4 Arpents dans l'Isle appelée
...utece, maintenant la Cité

TABLEAU des Renvois aux lettres et Chiffres Figurés au présent

	Arpents	
I. Clôture faite sous Jules César		17. Pont de l'Ouest, projetté par H.D.V.
50 ans avant J.C. renfermant		18. Pont du Jardin des Plantes
II. Idem en 358, sous Julien	113	19. Pont de l'Est projetté par H.D.V.
III. Id. en 1190 sous Ph. Auguste	730	
IV. Id. en 1367 sous Charles V et VI		20. Grand Bassin du Canal de l'Ourcq
V. Id. en 1553 sous François I.er	1414	21. Bassin de partage du dit canal
et Henry II		22. Bassin pour Port et Gare, Chaussée
VI. Id. en 1634 sous Henry IV	1660	d'Antin
VII. Id. en 1672 sous Louis XIV	3.228	23. Idem du Faubourg St Honoré
VIII. Id. en 1716 et 17 sous Louis XIV		24. Id. du temple
et Louis XV	5.910	25. Id. de la Porte St Antoine
IX. Id. en 1785 et 88 sous Louis XVI	9.910	26. Grand Bassin du Canal d'Orge et
X. Id. Projetté suivant les quatre		d'Yvette et autres rivières désignées
lignes ponctuées au pourtour		au projet du Cen Gauthey pour être
du présent, en l'an XII sous		conduites à Paris.
NAPOLÉON BONAPARTE Ier	10.719	27. Bassin de partage du dit canal
II.e TABLEAU		28. Bassin pour Pont et Gare du Faubourg
1 Grand Pont dit aux Changes		St Marceau
2 Pont St Michel		29. Bassin Idem du Faubourg St Germain
3 Petit Pont		enfin toutes les autres lignes ponctuées
4 Idem de l'Hôtel Dieu		indiquent les alignemens des nouvelles
5 Id. des Malades		rues places et monumens projettés
6 Pont Notre Dame		
7 Id. de l'Hôtel de Ville projetté		A. Palais de Justice, en la Cité

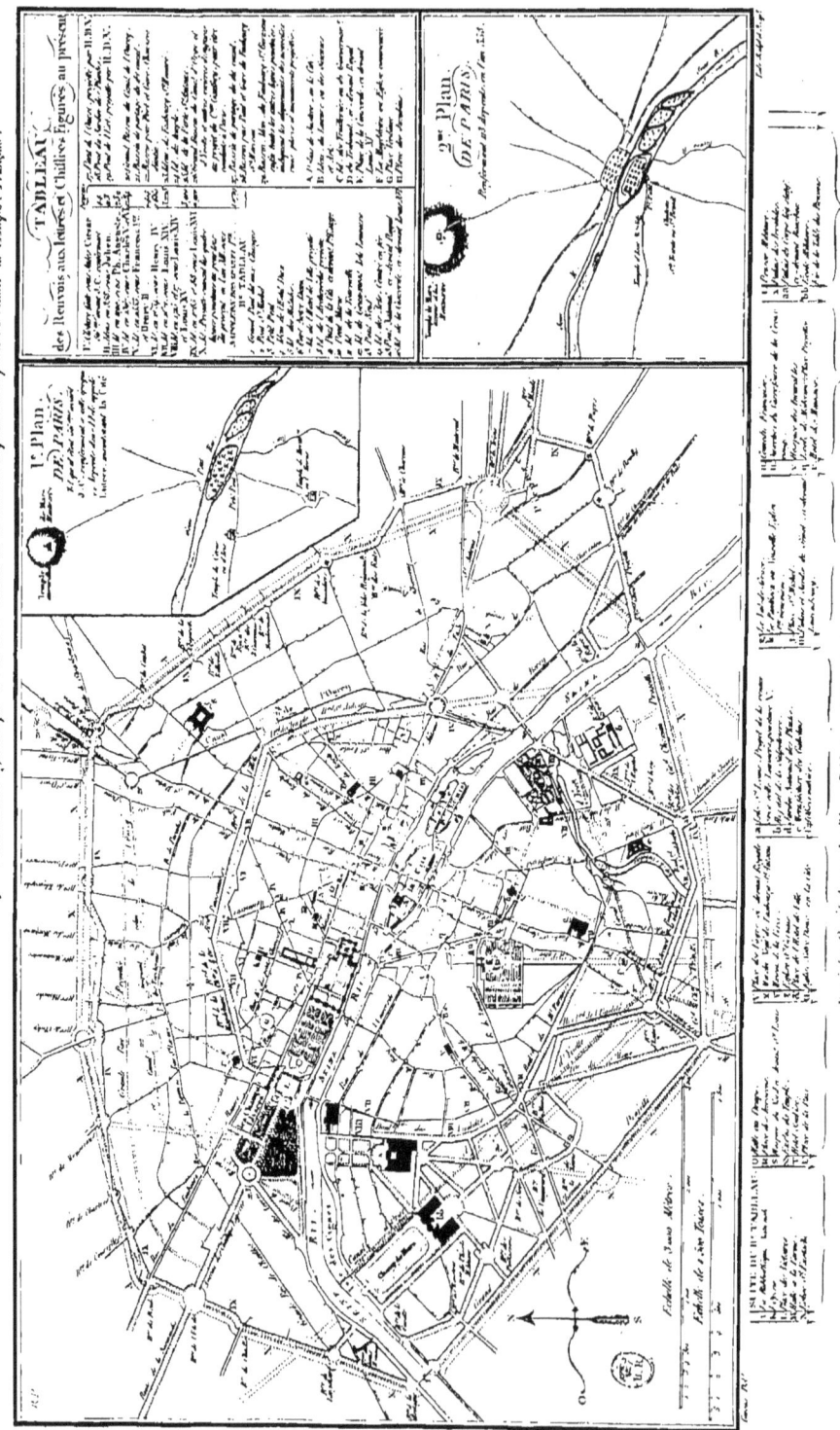

www.ingramcontent.com/pod-product-compliance
Lightning Source LLC
Chambersburg PA
CBHW060618050426
42451CB00012B/2319